LES FEMMES DANS LES VIDÉOCLIPS
SEXISME ET VIOLENCE

BIBLIOTHÈQUE ADMINISTRATIVE
Ministère des Communications
Éléments de catalogage avant publication

Baby, François

Les femmes dans les vidéoclips : sexisme et violence / François Baby, Johanne Chéné, Hélène Dugas / étude réalisée pour le Conseil du statut de la femme, avec la collaboration du Département des littératures de l'Université Laval. -- Québec : Publications du Québec, [1992?].

ISBN 2-551-15078-7

1. Vidéoclips 2. Sexisme 3. Violence à la télévision I. Chéné, Johanne. II. Dugas, Hélène. III. Québec (Province). Conseil du statut de la femme. IV. Université Laval. Département des littératures. V. Titre.

A11 S7 B32

FRANÇOIS BABY
JOHANNE CHÉNÉ
HÉLÈNE DUGAS

LES FEMMES
DANS LES VIDÉOCLIPS
SEXISME ET VIOLENCE

Étude réalisée pour
LE CONSEIL DU STATUT DE LA FEMME
avec la collaboration du
DÉPARTEMENT DES LITTÉRATURES
de l'Université Laval

Québec ⸭⸭

Cette édition a été produite par
Les Publications du Québec
1279, boul. Charest Ouest
Québec (Québec)
G1N 4K7

Graphisme : couverture et grille typographique
Les graphoïdes

Éditique :
Pettigrew, Pettigrew & Pettigrew

Dépôt légal — 1er trimestre 1992
Bibliothèque nationale du Québec
Bibliothèque nationale du Canada
ISBN : 2-551-15078-7
© Gouvernement du Québec

PRÉSENTATION

À la suite de l'étude menée en 1988 à la demande du Conseil du statut de la femme, nous avons entrepris de réaliser, mes collaboratrices et moi, une nouvelle étude sur les manifestations de sexisme et de violence faite aux femmes dans les vidéoclips diffusés à la télévision, mais cette fois, en 1991.

La télévision est évidemment le lieu privilégié de diffusion des vidéoclips pour ce qui est des auditoires atteints. Cependant, plusieurs empruntent des chemins de diffusion différents et se retrouvent dans les bars, discothèques, centres commerciaux, magasins, etc. La plupart sont aussi diffusés à la télévision, mais quelques-uns ne le sont jamais pour toutes sortes de raisons.

Nous ne pouvions entreprendre d'analyser les vidéoclips diffusés ailleurs qu'à la télévision sans mettre sur pied une équipe beaucoup plus considérable que la nôtre et disposer de beaucoup plus de temps. C'est pourquoi nous nous sommes limités à ceux diffusés à la télévision.

Au sujet de la violence envers les femmes, nous voudrions répéter la mise en garde faite dans notre rapport de 1988. Même si elle peut sembler occuper peu de place dans notre étude, surtout si on se fie au nombre de pages, nous n'en avons pourtant pas moins analysé systématiquement tous les vidéoclips à cet égard.

François BABY, professeur
Département des littératures
Université Laval

REMERCIEMENTS

J e veux remercier ici mes deux collaboratrices. Johanne CHÉNÉ est étudiante au doctorat et avait déjà joué un rôle très important dans l'étude de 1988. Son bagage d'expérience et ses remarquables aptitudes pour la recherche en ont fait, cette fois encore, une auxiliaire de premier ordre. Hélène DUGAS, pour sa part, est étudiante à la maîtrise. Ses connaissances et ses compétences lui ont permis d'effectuer des analyses très pénétrantes et rigoureuses. Elles sont tout autant que moi responsables du succès de cette recherche.

Je voudrais aussi remercier le Département des littératures de l'Université Laval de son assistance précieuse au cours de la réalisation de cette étude.

Enfin, je veux exprimer la gratitude de l'équipe au Conseil du statut de la femme qui a été, comme en 1988, l'instigateur du projet. Qu'il nous soit permis de souligner la collaboration soutenue qu'il nous a apportée. Des remerciements particuliers vont à trois membres de son personnel, Mmes Colombe Cliche, Jeannine Codaire et Sylvie Petitpas, qui ont été pour nous des collaboratrices de très grande valeur.

François BABY, professeur
Département des littératures
Université Laval

REMERCIEMENTS

J e veux remercier ici mes deux collaboratrices. Johanne CHÉNÉ est étudiante au doctorat et avait déjà joué un rôle très important dans l'étude de 1988. Son bagage d'expérience et ses remarquables aptitudes pour la recherche en ont fait, cette fois encore, une auxiliaire de premier ordre. Hélène DUGAS, pour sa part, est étudiante à la maîtrise. Ses connaissances et ses compétences lui ont permis d'effectuer des analyses très pénétrantes et rigoureuses. Elles sont tout autant que moi responsables du succès de cette recherche.

Je voudrais aussi remercier le Département des littératures de l'Université Laval de son assistance précieuse au cours de la réalisation de cette étude.

Enfin, je veux exprimer la gratitude de l'équipe au Conseil du statut de la femme qui a été, comme en 1988, l'instigateur du projet. Qu'il nous soit permis de souligner la collaboration soutenue qu'il nous a apportée. Des remerciements particuliers vont à trois membres de son personnel, Mmes Colombe Cliche, Jeannine Codaire et Sylvie Petitpas, qui ont été pour nous des collaboratrices de très grande valeur.

François BABY, professeur
Département des littératures
Université Laval

TABLE DES MATIÈRES

UN RAPPEL : LE VIDÉOCLIP

N ous croyons utile de rappeler ici certains éléments concer-
nant les vidéoclips, que nous avons extraits de notre
rapport de 1988[1].

GENRES ET FORMES

Les propos de cette section et de celle qui suit sont essentiellement tirés d'une conférence donnée devant l'Association québécoise
des études cinématographiques à l'automne 1985[2].

Le vidéoclip est en pleine expansion. Il est donc peut-être un
peu tôt pour parler de genres au sens strict. Cependant, un certain
nombre de caractères communs commencent à se dégager et per-
mettent de jeter les bases d'une première classification. Il faut noter
cependant qu'un nombre de plus en plus grand de vidéoclips sont
polymorphes ou appartiennent à plusieurs genres en même temps.

---

1. François BABY et autres. *Sexisme dans les vidéoclips à la télévision*, Québec, Conseil du
    statut de la femme, mai 1988.

2. François BABY. «Les vidéoclips, quand la parataxe devient la syntaxe», conférence donnée
    devant l'Association canadienne des études cinématographiques, novembre 1985.

Voici les principaux genres de vidéoclips que l'on rencontre à l'heure actuelle :

Le concert ou spectacle en direct

Il s'agit de l'enregistrement en direct d'un spectacle donné devant un auditoire et remonté par la suite suivant la forme habituelle du vidéoclip. On accentue l'impression de direct en incluant fréquemment dans le montage des plans du public qui assiste au spectacle.

Le concert ou spectacle en direct simulé

C'est une variante du précédent. Au lieu de procéder à un enregistrement en direct, on simule ce dernier dans des conditions techniques plus favorables, mieux contrôlées.

La représentation ou l'interprétation

Une ou plusieurs vedettes interprètent une œuvre devant la caméra, un peu comme dans les émissions de variétés à la télévision. On peut considérer qu'il y a deux variantes de base de ce genre : la forme studio et la forme décors avec lieux spécifiques.

La danse

Il y a trois façons principales de présenter de la danse dans les vidéoclips : danses réalisées par la ou les vedettes elles-mêmes, par des danseurs ou danseuses ou par le public.

La dramatisation

Le vidéoclip présente de façon plus ou moins fantaisiste un véritable petit récit, interprété soit par la ou les vedettes, soit par de véritables comédiens ou comédiennes.

On trouve le vidéoclip sous trois formes différentes :

- La dramatisation d'un récit se rapportant directement à la performance réalisée par les interprètes ou aux circonstances qui l'entourent;
- Un court récit dramatique plus ou moins entrecoupé de chansons ou d'extraits de chansons;
- Un récit dramatique présentant assez fidèlement l'histoire contenue dans la chanson.

Les parodies et satires

À cet égard, certains vidéoclips sont de purs chefs-d'œuvre d'humour et d'ironie. Certains groupes anglais – on s'y attend – manient particulièrement bien ce genre.

La pornographie

Le vidéoclip a aussi pris son «virage pornographique». On en trouve aussi bien dans les paroles que dans les images. Le vidéoclip porno est la plupart du temps particulièrement avilissant à l'endroit des femmes.

Les effets spéciaux

Évidemment, la plupart des vidéoclips contiennent des effets spéciaux. Il y a cependant des vidéoclips qui ne sont qu'effets spéciaux, comme une véritable magie électronique ou un feu d'artifice technologique.

Autres formes

Plusieurs autres tendances se manifestent aussi dans les vidéoclips, sans qu'il soit cependant encore possible de parler vraiment de genres. En voici quelques-unes :

- le fantastique;
- l'engagement social;
- le sport;
- l'avant-garde, l'essai et le vidéoclip d'art.

C'est évidemment un domaine rarement exploité. Signalons tout de même que le premier vidéoclip de Rita Mitsouko se trouve maintenant au musée d'Art contemporain de New York.

Beaucoup d'autres formes se développent actuellement et, avec le temps, certaines deviendront des genres spécifiques. Par ailleurs, il est en train de se produire avec le vidéoclip ce qui se produit toujours en art. On remplace les stéréotypes par ce qui en deviendra d'autres. Ainsi, on trouve de plus en plus souvent dans la production certains clichés, lieux communs, poncifs, conventions, procédés, etc., surtout dans ce que l'on peut appeler le bas de gamme.

PARTICULARITÉS DE CONSTRUCTION

Les vidéoclips sont construits de façon très particulière et il est intéressant d'en rappeler deux aspects principaux.

La parataxe

L'ensemble des phénomènes discursifs sont habituellement construits suivant une syntaxe, c'est-à-dire en fonction des rapports et des relations que l'on peut établir entre les éléments qui les constituent. De cette préoccupation pour les rapports ou les relations entre des unités sont nées un ensemble de règles régissant la construction des unités du discours, leurs interrelations, leurs fonctions, etc. C'est ce qu'on appelle une syntaxe.

La parataxe est un mode d'assemblage complètement différent. Au lieu d'assembler les unités en se préoccupant de leurs relations, la parataxe fait qu'on les assemble simplement en les juxtaposant les unes aux autres, sans se soucier de leur liaison ou de leur relation.

À quelques exceptions près, la très grande majorité des vidéoclips sont construits en parataxe et non en syntaxe. C'est-à-dire qu'ils sont constitués par un assemblage d'éléments sonores ou visuels simplement juxtaposés les uns aux autres. Ce qu'on recherche dans le vidéoclip, ce n'est pas la syntaxe des relations, mais plutôt la parataxe de la juxtaposition des segments.

La construction parataxique du vidéoclip est pour sa part caractérisée par la présence d'un nombre souvent élevé de parataxes qui se combinent, s'entremêlent pour donner une sorte de nouvelle «syntaxe» de construction, une nouvelle grammaire discursive aux possibilités innombrables.

On peut même affirmer qu'il y a quelquefois une sorte de parataxe perpendiculaire à celle dont nous venons de parler, constituée par une construction parataxique entre le son et l'image. Il arrive en effet que les séquences vidéos soient juxtaposées à la bande sonore, sans qu'on ait cherché à établir de relations entre les deux.

L'association

Les divers éléments de la parataxe ou les diverses parataxes elles-mêmes sont souvent réunis transversalement par un phénomène d'association. Il est fréquent, par exemple, que l'image n'ait pas de liens directs avec le son, sinon un rapport d'association plus ou moins libre.

Il est en effet plutôt rare qu'image et son soient directement reliés, c'est-à-dire que la bande vidéo soit l'illustration directe des paroles de la chanson ou que la chanson soit en quelque sorte la légende de l'image. On préfère de beaucoup avoir recours à des images qui possèdent un pouvoir d'association plus ou moins directe avec le son qui leur sert d'inducteur. C'est-à-dire que la bande sonore sert souvent de point de départ à une série d'associations avec les images.

La parataxe a aussi la particularité de favoriser la formation d'associations chez le spectateur ou la spectatrice. Un peu comme le surréalisme, qui se voulait l'accès le plus direct possible à l'inconscient qui devait pouvoir se traduire ensuite le plus librement possible à l'extérieur. De la même façon, la parataxe constitue un mode de stimulation privilégié, un puissant inducteur pour déclencher des associations voulues ou non par les concepteurs.

PROJET DE RECHERCHE
SUR LE SEXISME

HISTORIQUE

C ette recherche a été entreprise à la demande du Conseil du statut de la femme, dans le cadre général de ses travaux sur le sexisme et la violence dans les médias. Elle s'inscrit essentiellement dans le prolongement de l'étude de 1988[1] sur le sexisme dans les vidéoclips diffusés à la télévision. Les résultats de cette étude avaient permis de mettre en lumière une présence soutenue et abondante de manifestations de sexisme dans les vidéoclips analysés.

Mais c'est un phénomène connu, les vidéoclips ont en général la vie courte. Plusieurs se demandaient donc si, trois ans plus tard, les conclusions de 1988 étaient toujours valables et si le sexisme dans les vidéoclips avait augmenté ou diminué. La question se justifiait d'autant plus qu'on avait assisté depuis à des changements importants dans le style, le genre, le traitement formel et les interprètes des vidéoclips et que certains diffuseurs avaient fait part de leur intention d'appliquer certaines politiques de diffusion qui tiendraient compte du phénomène.

---

1. François BABY et autres. *Sexisme dans les vidéoclips à la télévision*, Québec, Conseil du statut de la femme, mai 1988.

Le Conseil a donc demandé au groupe de chercheurs et chercheuses déjà en place au Département des littératures de l'Université Laval, qui avait effectué l'étude de 1988, de procéder à une nouvelle étude qui viserait essentiellement deux buts :

- Connaître la situation en 1991 relativement aux manifestations de sexisme dans les vidéoclips diffusés à la télévision et mettre en lumière, dans toute la mesure du possible, les manifestations de la violence faite aux femmes dans ces mêmes vidéoclips;

- Mener cette étude de façon à ce que les résultats puissent être comparés avec ceux de 1988 pour pouvoir suivre l'évolution éventuelle du phénomène.

En faisant réaliser cette étude, le Conseil souhaitait pouvoir mettre à la disposition des intervenants sociaux, de la société en général, de même que des divers secteurs de la télévision participant à la production et à la diffusion des vidéoclips, des données précises sur le phénomène du sexisme et de la violence envers les femmes et sur son évolution depuis trois ans.

Ce sont donc les résultats de cette recherche que présente ce rapport sommaire.

OBJECTIFS

Les objectifs scientifiques de cette recherche étaient donc les mêmes que ceux de l'étude de 1988. Il s'agissait de mettre en lumière les principales manifestations du sexisme et de la violence faite aux femmes et d'en déterminer l'importance dans les vidéoclips diffusés lors d'émissions de télévision consacrées aux vidéoclips et accessibles dans la région de Québec, pendant une période déterminée.

Pour atteindre ces objectifs et permettre une comparaison suffisamment rigoureuse avec les résultats obtenus en 1988, nous avons respecté sensiblement les mêmes paramètres :

- Nous nous sommes limités aux manifestations explicites ou manifestes du sexisme ou de la violence, c'est-à-dire à celles qui sont directement exprimées ou formulées dans le vidéo-clip, en laissant de côté celles qui n'étaient qu'implicites ou de nature exclusivement symbolique – et elles sont nombreuses – et qui présupposent un tout autre type d'analyse;

- Pour éviter les aberrations que risquerait immanquablement de produire l'analyse de diffusions ponctuelles de vidéoclips dans certaines émissions de télévision, nous n'avons retenu, aux fins d'analyse, que les vidéoclips diffusés lors d'émissions régulières consacrées spécifiquement à ceux-ci;

- Compte tenu du temps et des ressources dont nous disposions, nous avons limité notre étude aux stations de télévision accessibles dans la région de Québec. Il faut noter cependant que, grâce aux affiliations réseaux et à la distribution des vidéoclips, la plupart des vidéoclips analysés ont été diffusés à peu près partout au Québec;

- L'objectif d'une étude de ce genre est de recueillir l'information la plus objective possible. Celui de ce rapport est de la relater le plus factuellement possible. Les énoncés qu'il contient ne sont donc ni une évaluation qualitative ni une appréciation morale des vidéoclips étudiés;

- L'objectif de cette recherche étant de procéder à une étude d'ensemble du phénomène et non à celle de cas d'espèce, nous avons retiré toute référence aux noms des interprètes ou des producteurs, aux titres des vidéoclips et à l'identité du diffuseur.

MÉTHODOLOGIE

Pour les raisons qui précèdent, nous avons suivi la même méthodologie qu'en 1988, tout en tenant évidemment compte des acquis qu'elle avait permis pour l'équipe, particulièrement quant à l'expertise développée sur le plan de l'analyse.

Une fois que les objectifs de la recherche ont été précisés, les divers paramètres établis et le protocole déterminé, le cheminement a été le suivant :

Étapes préalables

- Nous avons d'abord procédé à une étude des principaux travaux de recherche effectués dans le domaine ou dans des domaines connexes, comme le sexisme dans les médias, dans la publicité, etc., particulièrement depuis 1988;

- Une période d'observation des vidéoclips diffusés à la télévision a eu lieu au cours de l'automne 1990 pour permettre aux chercheurs et aux chercheuses de se familiariser de nouveau avec la grille d'analyse, qui était sensiblement la même qu'en 1988;

- Les mêmes consignes de codage qu'en 1988 ont été conservées et explicitées. Il n'a pas été nécessaire d'effectuer de nouveaux exercices de codage, étant donné l'expérience antérieure des chercheurs et chercheuses;

- Il est à noter que la validation de la grille d'analyse avait déjà été effectuée pour la recherche de 1988.

Déroulement de la recherche

La recherche a suivi à peu près le même déroulement que celle de 1988 :

- Tous les vidéoclips diffusés dans les émissions retenues ont été conservés pour analyse;

- Les vidéoclips ont été systématiquement enregistrés pour en faciliter l'analyse;

- Chaque vidéoclip a été analysé et codé suivant la grille d'analyse établie;

- Pour accroître la fiabilité du codage, les émissions ont été soumises à ce dernier dans un ordre différent de celui de leur diffusion à l'antenne;

- Pour les mêmes raisons, nous avons changé en cours de route le ou la responsable du codage des émissions d'une même série;

- Quarante-quatre vidéoclips, soit 19 % du total, ont été soumis à un second codage effectué par une personne différente et les ajustements appropriés ont été apportés aux consignes pour assurer une cohérence maximale;

- Nous avons effectué au fur et à mesure de minutieuses vérifications des compilations et des résultats obtenus.

Choix des vidéoclips

Nous avons appliqué rigoureusement les mêmes critères qu'en 1988 :

- La période d'observation devait être suffisamment longue pour couvrir une tranche significative de la programmation des stations qui diffusent des émissions consacrées aux vidéoclips. Par ailleurs, elle devait aussi se situer le plus possible dans une partie normale et stabilisée de la saison télévisuelle, c'est-à-dire à l'abri des perturbations causées par les trop nombreux changements d'horaire occasionnés par les émissions spéciales, les rodages d'émissions, les modifications de formules ou les contenus particuliers des périodes de lancement de saisons;

- Dans cette optique et compte tenu des avis des spécialistes consultés, la période d'observation a été fixée à au moins sept semaines consécutives, entre la semaine du 20 janvier 1991 et celle du 3 mars 1991;

- Nous avons conservé pour analyse tous les vidéoclips diffusés lors des émissions retenues pendant la période d'observation.

Voici comment se répartissent les émissions retenues suivant les chaînes :

- CFCM-TV (affiliée à TVA) diffuse chaque semaine deux émissions que la station identifie comme consacrées aux vidéoclips : «Décompte vidéostar», diffusée le samedi, de 16 h 30 à 17 h 00 et «Vidéo rock détente».

Nous n'avons pas retenu l'émission «Vidéo rock détente» car il s'est avéré qu'on n'y diffusait pas de véritables vidéoclips au sens où on l'entend maintenant. En effet, il s'agissait plutôt, dans la majorité des cas, d'anciens enregistrements réalisés au cours d'émissions de télévision avec des interprètes exécutant une chanson devant la caméra, comme cela se faisait autrefois à la télévision. On ne saurait donc les considérer comme de véritables vidéoclips.

- CKMI-TV (affiliée à CBC) diffuse une émission populaire chez les jeunes, «Vidéo hits», à l'horaire cinq fois par semaine, du lundi au jeudi inclusivement, de 17 h 00 à 17 h 30, et le vendredi, de 16 h 30 à 17 h 30. Nous avons retenu toutes les émissions diffusées au cours de la période.

- CKMI-TV diffuse une autre émission hebdomadaire consacrée aux vidéoclips, intitulée «Good Rockin Tonite» et mise à l'antenne le vendredi de 23 h 30 à 00 h 30. Nous avons aussi retenu toutes les émissions diffusées au cours de la période.

- «Musique Plus» (câble) diffuse chaque jour plusieurs émissions consacrées aux vidéoclips, dont certaines sont reprises à divers moments de la journée. Nous avons retenu les émissions qui étaient diffusées chaque soir aux heures de pointe, de 20 h 00 à 24 h 00.

Pour obtenir une idée plus juste de l'ensemble de la programmation de cette chaîne et pour couvrir une période sensiblement équivalente aux autres, nous avons analysé les contenus des émissions de chacun des soirs de la semaine, à raison d'un soir différent chaque semaine, pendant sept semaines échelonnées sur la période d'observation. C'est la méthode du hasard contrôlé qui a servi à déterminer la semaine correspondant à chaque soir de la semaine.

- CBVT (Radio-Canada), CIVQ (Radio-Québec) et CFAP (Quatre-Saisons) n'avaient pas à leur horaire, pendant la période d'observation, d'émissions régulières consacrées spécifiquement aux vidéoclips.

Méthode d'analyse

Chaque vidéoclip a donc été analysé systématiquement, plan par plan, ou, dans le cas de parataxes trop rapides, d'effets spéciaux, de montages accélérés ou stroboscopiques, groupe de plans par groupe de plans, en fonction des critères d'analyse retenus. Les mêmes paramètres d'analyse qu'en 1988 ont été utilisés. Les voici :

Analyse de contenu

L'analyse portait d'abord sur certains aspects du contenu des vidéoclips. Nous avons effectué une analyse de contenu permettant de mettre objectivement en évidence la présence de tel type de personnage, l'occurrence de tel phénomène, de telle activité, de tel comportement. De façon plus spécifique, les éléments suivants ont été analysés :

La présence des femmes comme performantes

Les personnages féminins :
- Rôles dans l'action;
- Rôles confiés aux femmes;
- Âge et apparence physique des femmes;
- Milieu social et champ d'activité.

La caractérisation des personnages :
- Traits dominants de personnalité;
- Gestes, postures, comportements;
- Les relations entre femmes;
- Les relations hommes-femmes.

La violence faite aux femmes

Analyse de la forme

Nous avons aussi retenu pour analyse certains aspects du traitement formel des vidéoclips étudiés, pour voir s'il y avait une corrélation éventuelle entre contenu sexiste et traitement formel.

Les éléments formels retenus à cet égard ont été les suivants :

- L'image : cadrage, angles de visée, mouvements de caméra;
- Les éclairages : types, composantes, contrastes, couleurs;
- Les couleurs : saturation, brillance, contrastes, noir et blanc;
- Les effets spéciaux;
- Les décors;
- Les accessoires;
- Les costumes et les maquillages;
- Le découpage;
- Le montage.

Les renseignements obtenus à l'analyse ont été reportés sur des fiches spéciales contenant la liste de tous les éléments à analyser pour chaque vidéoclip.

LE SEXISME

P our mieux comprendre cette recherche et les résultats auxquels nous sommes parvenus, il n'est sans doute pas superflu de rappeler ici quelques notions essentielles au sujet du sexisme. Pour une large part, elles sont extraites de notre rapport de 1988.

Le terme «sexisme» est assez récent[1] et même si on l'emploie de plus en plus souvent, il peut encore donner lieu à certaines interprétations dans divers milieux. Progressivement cependant, certains consensus se sont dégagés dans la société et nous disposons maintenant d'éléments suffisamment précis pour pouvoir en déterminer la nature et mettre en évidence ses diverses manifestations.

Voici quelques-unes des définitions les plus couramment utilisées :

Le sexisme

 • «Attitude de discrimination à l'égard du sexe féminin». (*Le Petit Robert*)

 • «Attitude discriminatoire et méprisante à l'égard du sexe féminin». (*Le Petit Larousse*)

---

1. Il est apparu au *Petit Robert* en 1977.

- «Orientation qui défavorise un sexe en faveur de l'autre». (Lise Dunnigan, CSF)[1]

- «Jugement sur les possibilités des personnes et des rôles qu'elles pourront exercer dans la société, à partir des préjugés qu'elles ont sur les capacités respectives du sexe masculin et du sexe féminin». (Catherine Lord, CSF)[2]

- «Ensemble de symboles, d'attitudes et de comportements qui discriminent les femmes sur la base de leur appartenance au sexe féminin et qui visent à légitimer la différenciation de rôles sociaux et d'espaces assignés spécifiquement aux femmes et aux hommes». (CEQ)[3]

- «Tendance à catégoriser un groupe en prolongeant les différences biologiques à des aspects comme l'activité intellectuelle, le comportement social ou les traits psychologiques». [...] «Le terme peut s'appliquer largement, [...] la réduction des interactions sociales de l'individu à un plan strictement sexuel». (Radio-Canada)[4]

Sexisme et sexualité

On entretient souvent beaucoup d'ambiguïté au sujet du sexisme et de la sexualité. Plusieurs confondent en effet les deux termes ou tentent de limiter la portée du concept de sexisme à peu près à sa seule dimension sexuelle. Il en résulte malheureusement

---

1. Cité dans un document préparé par la Centrale de l'enseignement du Québec à l'intention de ses animatrices.

2. *Ibid.*

3. «Harcèlement sexiste, harcèlement sexuel, agression sexuelle à l'endroit des étudiantes du primaire et du secondaire». Centrale de l'enseignement du Québec, mars 1985, D-8579.

4. «Rapport sur les démarches entreprises par la Société Radio-Canada à la suite du rapport du Groupe de travail sur les stéréotypes sexistes dans les médias de radiodiffusion», cité in CRTC, *Stéréotypes sexuels dans les médias de la radiodiffusion*. Radio-Canada, Ottawa, 1986, p. 16.

une limitation beaucoup trop restrictive du débat et un déplacement de la question vers une seule de ses dimensions. On est alors souvent empêché de bien saisir toute l'étendue du phénomène et d'en voir adéquatement les diverses manifestations.

Sexisme et sexualité ne sont évidemment pas synonymes. Il y a de toute évidence dans la société et les médias un grand nombre de manifestations de la sexualité féminine qui ne sont pas sexistes. Par ailleurs, il y en a un grand nombre qui le sont.

Le sexisme en matière de sexualité peut prendre bien des formes. Nous allons tenter d'en rappeler les principales :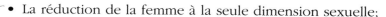

- La réduction de la femme à la seule dimension sexuelle;

- L'hypersexualisation de la femme;

- L'exacerbation de la sexualité féminine;

- La dénaturation ou la déshumanisation de l'activité sexuelle féminine;

- L'association de la femme comme agente ou comme victime à des comportements ou à des pratiques sexuelles dévalorisantes, dégradantes ou avilissantes pour elle;

- L'exploitation des divers stéréotypes sexistes généralement associés à la sexualité féminine;

- Le recours à la sexualité comme rapport de force ou comme moyen de contrôle ou de domination de la femme;

- La négation ou le refus d'un modèle de sexualité féminine qui serait autre chose qu'un simple faire-valoir de la sexualité masculine.

Le stéréotype sexiste

- «Un stéréotype est la répétition d'un certain comportement ou image qui exprime à la longue un déséquilibre dans la représentation des hommes et des femmes dans une situation sociale donnée. [...] On observe un stéréotype lorsque la représentation des personnages féminins dans un rôle donné est statistiquement différente de la représentation des personnages masculins. Ainsi les stéréotypes peuvent se manifester tant par une surreprésentation que par une sous-représentation des personnages féminins»[1].

- «Le terme «stéréotype sexuel» désigne toute représentation des façons d'être qui différencient les hommes et les femmes à tous les âges de leur vie. Les stéréotypes limitent et restreignent la perception que les femmes, les hommes, les enfants ont d'eux-mêmes et de leur rôle dans la société»[2].

- «Modèle rigide de comportement qui associe de façon constante et répétée certaines caractéristiques et certains rôles à un sexe plutôt qu'à un autre»[3].

La publicité sexiste

- Une publicité sexiste est «une publicité qui reproduit des préjugés à l'égard des femmes, à l'égard de leurs traits de caractère et de leur rôle dans la société»[4].

Nous ne voudrions pas limiter la portée ni des propos ni des définitions qui précèdent, mais on aura sans doute noté certains éléments communs. En résumé, le sexisme est présent quand il y a :

- Manifestation d'une orientation défavorable envers les femmes parce qu'elles sont femmes;

---

1. «Rapport sur les démarches entreprises par la Société Radio-Canada à la suite du rapport du Groupe de travail sur les stéréotypes sexistes dans les médias de radiodiffusion», cité in CRTC, *Stéréotypes sexuels dans les médias de la radiodiffusion*. Radio-Canada, Ottawa, 1986, p. 17.

2. «Ajustons l'image». Évaluation-Médias, 1987, p. 20.

3. *La publicité sexiste c'est quoi?* Conseil du statut de la femme, Québec, 1986, p. 5.

4. *Ibid.*, p. 10.

- Discrimination envers le sexe féminin parce qu'il est le sexe féminin;

- Préjugé sur les capacités des femmes parce qu'elles sont femmes;

- Catégorisation des femmes en fonction du prolongement abusif de leurs différences biologiques;

- Légitimation de la différenciation des rôles sociaux confiés aux femmes à partir de leur appartenance au sexe féminin;

- Jugement sur les possibilités des personnes et sur leurs intérêts, leurs capacités et leurs rôles en fonction de leur appartenance au sexe féminin;

- Réduction des interactions sociales ou des relations interpersonnelles touchant les femmes sur le plan strictement sexuel;

- Dénaturation ou dévalorisation de la sexualité féminine;

- Déséquilibre dans la représentation homme-femme;

- Valorisation ou dévalorisation de comportements sur la base de l'appartenance au sexe féminin;

- Utilisation ou valorisation des stéréotypes ou des préjugés relatifs aux femmes.

On pourra trouver dans les publications du Conseil du statut de la femme, de la Centrale de l'enseignement du Québec et d'Évaluation-Médias, auxquelles nous avons fait référence précédemment, de nombreux et excellents exemples de manifestations de sexisme dans les médias.

Ce sont donc les définitions et les éléments précités que nous avons retenus pour notre recherche.

RÉSULTATS DE LA RECHERCHE SUR LE SEXISME

RÉSULTATS GÉNÉRAUX

En résumé :

- 338 vidéoclips ont été diffusés (une baisse de 32 % par rapport à 1988);

- 223 étaient des vidéoclips originaux (66 % contre 56,3 % en 1988);

- 115 étaient des rediffusions de ces originaux (34 % contre 43,7 % en 1988);

- 28 % des vidéoclips sont francophones (8 % en 1988);

- Les vidéoclips en provenance du Québec ont augmenté considérablement pour atteindre 15 % (5 % en 1988);

- Les vidéoclips en provenance de France ont aussi augmenté considérablement pour atteindre 13 % (3 % en 1988).

Nombre de vidéoclips

Un total de 338 vidéoclips ont été diffusés au cours de la période d'analyse, soit une baisse de près du tiers (32 %) par rapport à 1988 (499 vidéoclips) et ce, même si le nombre d'émissions retenues était légèrement supérieur. Cette baisse s'explique par le fait que ces émissions contenaient beaucoup plus d'interviews et des interventions plus longues et plus nombreuses de la part des animateurs ou animatrices que lors de la première étude.

Le taux de reprise a par ailleurs légèrement baissé, puisque 223 de ces vidéoclips, soit 66 %, étaient des originaux différents (281, soit 56,3 % en 1988) et 115 (34 %), des reprises ou des rediffusions de ces originaux.

Provenance

L'origine des vidéoclips a changé de façon substantielle. Nous sommes parvenus à déterminer l'origine de 194 vidéoclips sur les 223 originaux, soit 87 %. La répartition montre que la program-

TABLEAU 1 ORIGINE DES VIDÉOCLIPS

PAYS	1991		1988	
	N	**%**	**N**	**%**
États-Unis	65	29 %	115	41%
Canada[1]	24	11 %	62	22 %
Grande-Bretagne	38	17 %	55	20 %
Québec	33	15 %	15	5 %
France	28	13 %	8	3 %
Autres	6	3 %	3	3 %

1. À l'exclusion du Québec.

mation s'est francisée de façon non négligeable. En effet, les vidéo-clips en provenance des États-Unis et du Canada anglais, qui cons-tituaient 63 % du total en 1988, ne constituent plus que 40 % du total en 1991. Par ailleurs, ceux provenant du Québec et de la France, qui ne comptaient que pour 8 % en 1988, représentent maintenant 28 % du total.

Genres

Le glissement amorcé en 1988 vers des vidéoclips plus poly-morphes s'est encore accentué puisque ces derniers constituent, en 1991, plus de 85 % des vidéoclips analysés (64 % en 1988). Ce réali-gnement s'est surtout effectué au détriment des vidéoclips axés sur la performance d'exécutants, qui ne constituent plus que 10 % de l'ensemble (26 % en 1988) et de ceux qui comprennent une dra-matisation, ces derniers ne comptant plus que pour 5 % (10 % en 1988).

MANIFESTATIONS DE SEXISME DANS LES VIDÉOCLIPS

En résumé :

- 55 % des vidéoclips contiennent des manifestations de sexis-me (46 % en 1988);
- Avec les reprises, ce taux atteint 60 % (50 % en 1988);
- 55 % des vidéoclips québécois contiennent des manifestations de sexisme;
- Le pourcentage de vidéoclips très sexistes a plus que dou-blé (38 % en 1991 contre 15 % en 1988);
- Les reprises sont toujours plus nombreuses dans le cas des vidéoclips sexistes;
- La proportion d'interprètes féminines a atteint 19 % (10 % en 1988) mais celles-ci sont encore très sous-représentées par rapport aux hommes, qui constituent 60 % des interprètes.

Résultats d'ensemble

Il s'en trouvait pour affirmer que les manifestations de sexisme dans les vidéoclips avaient diminué par rapport à 1988. Il n'en est rien, puisqu'en utilisant les mêmes critères d'analyse, on trouve, en 1991, une augmentation du pourcentage de vidéoclips sexistes. En effet, sur les 223 vidéoclips originaux analysés en 1991, 122, soit 55 %, contenaient des manifestations de sexisme, soit à cause du contenu, du traitement formel ou des deux à la fois. Ce pourcentage était de 46 % en 1988. Si on tient compte des reprises dont ces vidéoclips ont fait l'objet (82), on doit conclure que 60 % de tous les vidéoclips diffusés en 1991 comportaient des manifestations de sexisme (50 % en 1988).

La justification de ces résultats de même qu'une analyse détaillée des manifestations de sexisme se trouvent dans les pages qui suivent.

Sexisme suivant l'origine

TABLEAU
2 SEXISME SUIVANT L'ORIGINE

(POURCENTAGE DE VIDÉOCLIPS PROVENANT DE DIVERS PAYS
ET CONTENANT DES MANIFESTATIONS DE SEXISME)

PAYS	%
États-Unis	65 %
France	61 %
Québec	55 %
Canada[1]	42 %
Grande-Bretagne	39 %

---

1. À l'exclusion du Québec.

Même s'il y avait peu de vidéoclips québécois dans l'étude de 1988, on notait tout de même qu'ils étaient généralement moins sexistes que les autres. Cependant, la situation est très différente maintenant puisqu'on constate que les vidéoclips québécois atteignent des niveaux de sexisme comparables à ceux des autres pays.

Niveaux de sexisme

Nous avons repris, toujours à titre indicatif, la répartition des vidéoclips sexistes suivant leur niveau de sexisme, déjà faite en 1988. Cette classification n'a évidemment pas de caractère absolu. Elle tient à la fois compte du genre et de la durée des manifestations. Malgré les limites évidentes d'une telle classification, nous en donnons quand même les résultats ici, car ils peuvent fournir des indications précieuses.

Nous avons conservé les critères de classification utilisés dans l'étude de 1988. Ont été classés comme très sexistes les vidéoclips dont les manifestations sexistes comptent pour 50 % et plus du temps total, sexistes, ceux dont les manifestations occupent de 25 à 50 % du temps total et assez sexistes, ceux dont les manifestations occupent de 10 à 25 % du temps total.

Même si les manifestations n'atteignaient pas les durées précitées, nous avons aussi classé comme très sexistes certains vidéoclips dont les manifestations étaient particulièrement accusées ou fortes (pornographie, rôles dégradants, etc.). De la même façon, certains vidéoclips dont le caractère sexiste était moins prononcé, tout en étant marqué et constant, ont été classés comme sexistes et certains dont le caractère sexiste était moins soutenu, moins constant, plus ponctuel ou peu accentué, ont été classés comme assez sexistes.

Toujours à titre indicatif, voici la répartition des vidéoclips sexistes originaux (122) suivant les diverses catégories.

TABLEAU

3 | RÉPARTITION SUIVANT LE NIVEAU DE SEXISME

	1991		1988	
NIVEAU	N	%	N	%
Très sexiste	47	38 %	19	15 %
Sexiste	30	25 %	71	55 %
Assez sexiste	45	37 %	40	30 %

On constate donc que 63 % des vidéoclips sont soit sexistes, soit très sexistes (70 % en 1988). Cependant, on ne peut manquer de noter que le pourcentage de vidéoclips très sexistes a plus que doublé par rapport à la première étude.

Taux de reprise et sexisme

Les vidéoclips sexistes sont plus rediffusés que les vidéoclips non sexistes. En effet, le taux moyen de reprise des vidéoclips sexistes est de 67 %, alors qu'il n'est que de 33 % pour ceux qui ne le sont pas.

On note par ailleurs une légère diminution du taux de rediffusion des vidéoclips en fonction de leur niveau de sexisme par rapport à 1988.

Les interprètes

La participation d'interprètes féminines a légèrement augmenté par rapport à 1988 puisque, solistes ou en groupe, elles représentent maintenant 19 % des interprètes (10 % en 1988). Cette participation se situe cependant encore nettement en dessous de celle des interprètes masculins, qui comptent pour 60 % du total.

TABLEAU
4 | TAUX DE REPRISE EN FONCTION DU NIVEAU DE SEXISME

NIVEAU	1991 %	1988 %
Très sexiste	50 %	59 %
Sexiste	37 %	51 %
Assez sexiste	54 %	39 %
Non sexiste	33 %	40 %

TABLEAU
5 | LES INTERPRÈTES

INTERPRÈTES	1991		1988	
	N	%	N	%
Groupes d'hommes	93	43 %	138	51 %
Hommes seuls	38	17 %	49	18 %
Groupes de femmes	4	2 %	4	1 %
Femmes seules	37	17 %	26	9 %
Groupes mixtes	45	21 %	56	21 %

Cette sous-représentation des femmes parmi les interprètes constitue en soi une manifestation importante de sexisme. Cependant, elle nous paraît dépendre davantage de l'industrie du disque que de celle des vidéoclips. Nous l'avons donc exclue de l'analyse qui suit pour ne conserver que les manifestations de sexisme propres aux vidéoclips.

MANIFESTATIONS DE SEXISME DANS LES CONTENUS

Sauf indication contraire, les analyses qui suivent ne portent que sur les vidéoclips qui contiennent des manifestations de sexisme (122).

En résumé, dans les vidéoclips sexistes :

- 78 % des femmes ont entre 18 et 25 ans et les plus âgées sont en général dévalorisées;

- 66 % des femmes appartiennent à un milieu social aisé ou moyen;

- Dans 70 % des cas, les gestes posés par les personnages féminins ont une connotation sexuelle;

- Dans 28 % des cas, ces gestes sont reliés à certaines formes d'autosexualité;

- 94 % des personnages féminins autres que les interprètes ont des attitudes ou des comportements qui les caractérisent de façon négative.

Les femmes comme personnages secondaires

Les femmes dominent cependant toujours comme personnages secondaires autres que les interprètes puisqu'elles constituent 56 % de ceux qu'on voit à l'écran, tandis que les hommes ne comptent que pour 44 %. La situation n'a presque pas changé par rapport à 1988, puisque les proportions étaient alors respectivement de 55 % pour les femmes et 45 % pour les hommes.

On note cependant une nette amélioration pour ce qui est de la présence à l'écran des minorités visibles comme personnages secondaires, puisque 19 % des personnages secondaires féminins et 35 % des personnages secondaires masculins sont de race noire.

Portrait physique

Le portrait physique de la femme interprète ou personnage secondaire est généralement très sexiste en ce qu'il véhicule à peu près toujours les stéréotypes habituels reliés aux personnages féminins : femme jeune et séduisante. Au-delà de 80 % des femmes présentes à l'écran ont moins de 25 ans, ce qui constitue une hausse par rapport à 1988 (77 %).

Nous avons pu déterminer avec suffisamment de précision l'âge apparent des personnages féminins dans 144 vidéoclips et voici comment il se répartit :

TABLEAU

6 | ÂGE APPARENT DES PERSONNAGES FÉMININS

CATÉGORIES D'ÂGE	1991 %	1988 %
15-17 ans	3 %	6 %
18-25 ans	78 %	71 %
26-35 ans	12 %	20 %
36 ans et plus	7 %	3 %

Quant à l'apparence physique, 88 % des femmes qui ont entre 15 et 35 ans ont un aspect extérieur généralement séduisant et soigné, soit à peu près le même pourcentage qu'en 1988 (87 %). Mais l'âge est un handicap pour la femme dans les vidéoclips puisque les trois quarts (75 %) des femmes qui ont 35 ans et plus sont présentées de façon désavantageuse : femmes laides, mal habillées, négligées, etc.

Milieu social

Il n'est pas toujours facile de déterminer le milieu social auquel appartiennent les personnages féminins. Plusieurs vidéoclips ne contiennent en effet aucune indication précise à ce sujet. Nous sommes parvenus à l'établir avec suffisamment de précision dans 24 % des vidéoclips (26 % en 1988).

En 1991, 33 % des femmes appartiennent à un milieu social aisé (50 % en 1988), 33 % à un milieu social moyen (12 % en 1988) et 14 % à un milieu social défavorisé (13 % en 1988).

Le déplacement vers un milieu d'appartenance qu'on pourrait qualifier de moyen nous semble directement lié au fait qu'il y a beaucoup moins de dramatisations élaborées dans les vidéoclips analysés en 1991 par rapport à 1988.

Types d'activités

Nous avons rencontré les mêmes difficultés pour déterminer avec suffisamment de précision le champ d'activité des personnages féminins principaux montrés à l'écran. Nous y sommes parvenus dans 60 % des cas. Voici comment se répartissent ces divers champs d'activité :

TABLEAU **7**	TYPES D'ACTIVITÉS DES PERSONNAGES FÉMININS [1]	1991	1988
Activités artistiques		50 %	32 %
Emplois reliés aux loisirs, aux vacances, à la plage, etc.		10 %	23 %
Emplois généralement stéréotypés comme «féminins» (serveuses, secrétaires, ménagères, etc.)		20 %	31 %
Activités en salle de bain		20 %	—
Emplois reliés à l'insolite ou à l'interdit (prostitution, etc.)		9 %	15 %

Pour ce qui est des activités artistiques, dans 81 % des cas, il s'agit de la danse qui, la plupart du temps, sert de prétexte à présenter la femme comme objet ou symbole sexuel.

Les modifications que l'on peut constater dans la répartition des champs d'activité en 1991 par rapport à la première étude nous semblent surtout reliées au fait que l'on trouve beaucoup moins de vidéoclips contenant de la dramatisation qu'en 1988.

Dans l'ensemble, les champs d'activité auxquels sont associées les femmes dans les vidéoclips en 1991 sont donc toujours fortement sexistes et ne correspondent évidemment, ni de près ni de loin, aux champs d'activité réels qu'occupent les femmes dans la société. Ces représentations contribuent donc à donner et à renforcer une image de la femme qui est très fortement stéréotypée et reliée à une société elle-même sexiste.

---

1.   Il peut y en avoir plus d'un dans un même vidéoclip.

Il nous a malheureusement été impossible de déterminer systématiquement et avec suffisamment de précision le champ d'activité des personnages féminins secondaires qu'on trouve souvent dans les vidéoclips.

Gestes et attitude physique

Un pourcentage très important des gestes posés par les personnages féminins principaux ont une connotation directement reliée à la sexualité, soit 70 % (66 % en 1988). Il y a cependant à cet égard un changement significatif. On trouve en effet, dans 28 % de ces vidéoclips, une référence gestuelle directe et manifeste à certaines formes d'autosexualité (ensemble de comportements propres à se procurer à soi-même des satisfactions sexuelles, comme la masturbation, certaines formes de caresses, etc. Certains ou certaines parlent aussi à ce sujet d'auto-érotisme). Si en 1988, on pouvait trouver quelques références à ce genre d'activités, elles étaient beaucoup plus limitées que maintenant et surtout beaucoup moins explicites, se contentant d'évoquer ou de suggérer de façon très symbolique, alors qu'elles sont devenues maintenant très manifestes et sans équivoque.

La référence que nous faisons ici à la pratique de l'autosexualité ne se veut aucunement associée à des considérations éthiques ou morales éventuelles qui pourraient servir à évaluer ce genre de comportement. Ce qui est sexiste à notre avis, c'est d'abord que l'on réserve cette pratique à peu près exclusivement aux femmes et que, comme l'autosexualité est généralement reliée par nature à des circonstances d'intimité personnelle, le fait de présenter des femmes qui s'y livrent sans réserve sur scène ou en pleine place publique, véhicule et renforce certains stéréotypes sexistes qui servent à dépeindre négativement la sexualité féminine.

Caractérisation des personnages féminins

La façon dont les personnages féminins autres que les interprètes sont caractérisés, c'est-à-dire les traits de personnalité plus permanents qui les caractérisent (attitudes, motivations, valeurs, traits de comportements, etc.) est souvent l'occasion de manifestations de sexisme qui en arrivent à présenter une image défavorable de la femme.

- C'est très souvent le cas dans les vidéoclips que nous avons analysés, puisque 94 % de ces derniers montrent des personnages féminins dont les attitudes ou comportements les présentent dans un éclairage négatif : idiotie des personnages, sexualité exacerbée (49 %), fantasmes aberrants, obsessions sexuelles, personnifications péjoratives, légèreté extrême, passivité devant l'homme, etc. C'est une augmentation non négligeable par rapport à 1988, alors que 85 % des vidéoclips avaient cet effet.

- On trouve encore le personnage symbolisant «l'éternel féminin» (femme «romantique», rêveuse, etc.), mais à un moindre degré, puisqu'il ne compte plus que pour 1 % des caractérisations (5 % en 1988).

- Seulement 1 % des femmes sont présentées comme heureuses et épanouies (7 % en 1988).

Rôles des personnages féminins

La femme comme personnage principal joue davantage un rôle actif dans le développement de l'action (80 %) qu'en 1988 (56 %). Cela s'explique en partie par la diminution de la dramatisation déjà notée et surtout, comme nous l'avons déjà souligné, par une recrudescence importante de la participation individuelle des personnages féminins principaux à une activité à caractère sexuel.

Les personnages féminins secondaires, quant à eux, sont cependant beaucoup plus passifs que les personnages principaux puisque seulement 48 % d'entre eux jouent un rôle actif.

Relations entre femmes

Nous assistons dans ce domaine, en 1991, à un changement majeur par rapport à 1988. Autant nous avions pu caractériser les rapports femmes-femmes autour de polarisations primaires marquées par l'opposition ou la rivalité (65 %) ou par la domination sur les autres femmes (20 %), autant il nous est presque impossible de parler de relations femmes-femmes dans les vidéoclips analysés en 1991. Il n'y a en effet que 4 vidéoclips où on peut vraiment parler de relations entre femmes, c'est donc trop peu pour établir une typologie valable. C'est comme si la femme était devenue un objet individuel qui n'a pas de relation avec les autres femmes puisque ces dernières sont complètement absentes. Ce changement est sans doute encore une fois attribuable en partie à la baisse de la dramatisation.

Relations hommes-femmes

Les relations hommes-femmes sont aussi polarisées de façon primaire autour de la séduction ou tentative de séduction de l'homme par la femme – elle prend la plupart du temps la forme physique avec d'ailleurs une forte connotation sexuelle –, de la soumission de la femme à l'homme, de l'agression physique par l'homme ou de l'opposition entre les deux. Voici la répartition de chaque type :

TABLEAU
8 | RELATIONS HOMMES-FEMMES [1]

(POURCENTAGE DE VIDÉOCLIPS DANS LESQUELS ON TROUVE CE TYPE DE RELATION)

	1991	1988
Séduction ou tentative de séduction de l'homme par la femme	35 %	56 %
Soumission de la femme	40 %	34 %
Agression physique de la femme par l'homme	14 %	27 %
Opposition hommes-femmes	9 %	27 %

1.   Il peut y avoir plus d'un type de relation dans un même vidéoclip.

On note de nouveau une modification par rapport à 1988. Elle résulte encore une fois de la diminution de la dramatisation et de l'importance de la participation individuelle de personnages féminins dans une activité à connotation sexuelle individuelle.

TRAITEMENT FORMEL ET SEXISME

Pour l'étude de 1988, nous avions formulé l'hypothèse que le sexisme qui s'exprimait dans le contenu serait sans doute appuyé de façon systématique par un traitement formel qui mettrait l'accent sur le caractère sexiste de ce contenu et viendrait en somme renforcer le contenu sexiste du vidéoclip. Comme on le sait, cette hypothèse s'est vérifiée de façon très claire. On voudra bien se reporter à notre rapport de 1988 pour plus de détails.

Nous avons voulu bien entendu vérifier encore une fois cette hypothèse dans notre étude de 1991. Nous sommes bien conscients que forme et fond sont indissociables, mais nous voulions tout de même mettre en lumière les aspects du traitement formel mis à contribution par le phénomène du sexisme dans les vidéoclips.

On comprendra que l'analyse du traitement formel ne permet pas toujours, à l'intérieur des limites d'une étude comme celle-ci, une compilation statistique aussi précise que dans le cas des contenus. Nous y avons procédé chaque fois que la chose était possible. Dans les autres cas, nous avons indiqué les caractéristiques principales ou la tendance générale.

En résumé :

- Les gros plans sont utilisés dans 61 % des cas avec des connotations sexistes;

- Les panoramiques sont utilisés dans 52 % des cas avec des connotations sexistes et les travellings, dans 45 % des cas;

- Dans 29 % des cas, le montage est utilisé pour découper le corps féminin en parties, sans hiérarchisation d'ensemble.

LA TECHNIQUE

Cadrage et angles de prise de vue

Le gros plan est encore le plan le plus utilisé pour montrer certaines parties du corps féminin, particulièrement celles qui ont une connotation sexuelle ou auxquelles on veut en donner une. On trouve une utilisation sexiste de ce cadrage dans 61 % des plans.

Vient ensuite le plan rapproché poitrine, qui cadre le personnage du dessus de la tête à la poitrine. On en trouve des utilisations à des fins sexistes également dans 61 % des vidéoclips. Dans le cas des personnages féminins des vidéoclips sexistes, on a souvent recours à ce genre de plan, que l'on combine avec une légère contre-plongée qui permet d'attirer l'attention sur les seins du personnage ou d'en accroître artificiellement la taille dans l'image. On trouve cette utilisation à des fins sexistes dans 25 % des vidéoclips.

Le système de cadrage utilisé suggère souvent une forme de voyeurisme évident. Nous en avions déjà souligné une manifestation dans notre première étude, que l'on retrouve toujours de façon aussi importante en 1991. Il s'agit du cadrage en gros plan de parties de l'anatomie féminine comme les seins, le bassin, le postérieur, les cuisses, etc. Certains plans cadrent même en très gros plans certaines parties comme un sein ou le pubis. Certains vidéoclips ne cadrent systématiquement que la moitié inférieure du corps de personnages féminins. Ces cadrages se font suivant un angle de visée horizontal, c'est-à-dire «à hauteur d'yeux». La caméra se place chaque fois à la hauteur de la partie du corps visée. Ce genre d'images présente une vision du corps féminin qui est généralement reliée à une situation de grande intimité ou à une activité très personnelle. Le fait de présenter ainsi des personnages féminins véhicule et renforce plusieurs des stéréotypes sexistes reliés à la sexualité féminine.

Mouvements de caméra

Les mouvements de caméra (travellings, panoramiques, etc.) sont de puissants moyens expressifs mis à contribution par le cinéma. Ils sont utilisés de façon particulière dans les vidéoclips. En effet, un très grand nombre le sont pour balayer le corps de personnages féminins. En fait, 52 % des vidéoclips contiennent ce genre de mouvements avec des connotations sexistes, tandis que 45 % contiennent des travellings ayant le même genre de connotations. On a même parfois recours à des travellings circulaires pour faire le tour du corps d'un personnage féminin à la hauteur des seins ou du bassin. Le travelling optique ou zoom, qui produit l'impression que ce qui est dans l'image se rapproche du spectateur ou de la spectatrice, est aussi très fréquemment utilisé pour montrer des parties de l'anatomie féminine ayant des connotations sexuelles.

Éclairages

Les éclairages sont presque toujours violents dans les vidéoclips. Plus de 60 % de ceux-ci sont soit très concentrés, soit contrastés ou nettement violents (57 % en 1988). À cet égard, la technique de production a donc peu changé. On utilise toujours abondamment les éclairages concentrés et contrastés pour éclairer le corps de femmes dévêtues en tout ou en partie, ou encore en train de se livrer à des activités reliées à l'autosexualité. Comme tout le reste est dans le noir, cette technique produit beaucoup d'effet, car l'attention est entièrement focalisée sur le personnage.

Pas moins de 31 % des vidéoclips utilisent le noir et le blanc et, dans la quasi-totalité des cas, on y a recours pour présenter la femme dans une ambiance reliée explicitement à la sexualité.

Effets spéciaux

On trouve beaucoup d'effets spéciaux dans les vidéoclips : ralenti, gel d'image, fondu, multiplication d'image, accéléré, filtrage, flou, etc. On note une très nette diminution de l'usage du ralenti, qui ne constitue plus que 25 % des effets spéciaux (52 % en 1988). Leur utilisation est très souvent reliée à la sexualité par rapport à 1988.

LES DÉCORS, LES COSTUMES ET LES MAQUILLAGES

Décors

Voici la répartition des principaux décors rencontrés dans les vidéoclips :

TABLEAU
9 | **DÉCORS UTILISÉS**

	1991	1988
Scène de théâtre	14 %	—
Appartement (y compris salle de bain)	28 %	—
Loisirs	13 %	42 %
Endroits reliés au travail	5 %	27 %
Lieux délabrés, louches, bas-fonds, etc.	15 %	25 %
Moyens de transport	10 %	8 %

La diminution de la dramatisation a entraîné une modification des décors utilisés. Notons que la femme n'est presque plus représentée au travail comme en 1988, mais plutôt dans un appartement où on profite de diverses situations pour nous la montrer en train de se livrer à des activités reliées à la sexualité personnelle.

Costumes

Voici comment se répartissent les costumes utilisés dans les vidéoclips analysés :

TABLEAU
10 COSTUMES UTILISÉS

	1991	1988
Costumes de ville	17 %	25 %
Toilettes de soirée	9 %	21 %
Costumes de rockeuses	22 %	20 %
Tenues restreintes	33 %	18 %
Costumes de danse	5 %	6 %
Tenues habituellement qualifiées de suggestives	4 %	6 %
Costumes de scène	6 %	3 %
Nudité suggérée ou visible	4 %	1 %

Maquillages

Les maquillages n'ont pas beaucoup changé par rapport à 1988, puisque 78 % peuvent être qualifiés de maquillages de ville ou légers, ce qui était précisément le cas en 1988.

Dans 87 % des cas, les coiffures portées par les personnages féminins sont des coiffures de ville à la mode (87 % en 1988), tandis que dans 8 % des cas, il s'agit de coiffures de soirée et dans 5 % des cas, de coiffures excentriques.

LE MONTAGE

On a toujours recours au procédé de montage qui consiste à découper le corps féminin en «pièces détachées», vues de très près, et à les montrer dans n'importe quel ordre. Ce mode de présentation suggère que chacun des «morceaux» comporte de l'intérêt en soi et pris isolément, comme suite d'objets individuels, sans aucune référence à une hiérarchisation d'ensemble, à la personne humaine. On rabaisse la femme à n'être plus qu'une sorte d'aggloméré de parties éparses. Ce type de montage est employé dans 29 % des vidéoclips, ce qui constitue un pourcentage important.

LA PISTE SONORE

Nous n'avons pas analysé systématiquement la piste sonore des vidéoclips étudiés. D'abord, parce que très souvent, ces pistes ne sont pas propres aux vidéoclips mais appartiennent plutôt à un enregistrement que l'on veut commercialiser indépendamment. De plus, de l'avis de ceux et celles que nous avons interrogés à ce sujet, il semble bien qu'une grande majorité des spectateurs et spectatrices ne comprennent que très peu, sinon pas du tout, les paroles d'une piste sonore lorsqu'elle est en anglais. Le fait de n'analyser que les pistes sonores françaises aurait évidemment débalancé les résultats d'ensemble de notre étude.

LA VIOLENCE

L a violence est partout présente dans la société. Probablement depuis toujours. La longue quête de l'humanité pour la domestiquer à travers les âges a connu, il faut le dire, des succès mitigés et inégaux. Les systèmes de contrôle social élaborés progressivement par les sociétés parviennent, dans une certaine mesure, à harmoniser les rapports entre les individus. Mais les transgressions fréquentes et nombreuses donnent à penser que l'équilibre est encore fragile, même dans les sociétés qui prétendent avoir atteint un niveau élevé de développement en ce domaine. Certains événements tragiques viennent confirmer ce fait.

Les médias et la violence

Une des données fondamentales du problème de la violence dans la société est la présence de plus en plus importante des médias dans la vie des individus. Ceux-ci sont en effet omniprésents dans la société contemporaine. Ainsi, selon Statistique Canada, les Canadiens et les Canadiennes ont regardé la télévision en moyenne 23,4 heures par semaine en 1989 (25,5 heures au Québec)[1].

---

1.   Statistique Canada, 1991.

Or la violence est omniprésente dans les médias, particulièrement au cinéma et à la télévision. Ces médias sont en train de contribuer à créer un environnement médiatique particulièrement violent pour l'être humain.

Le cinéma, pour sa part, produit depuis longtemps des films présentant des scènes de violence. Des recherches faites aux États-Unis montrent, par exemple, que près de la moitié des films produits dans ce pays entre les deux guerres contenaient de la violence sous forme d'homicides[1]. Des films plus récents, comme ceux de la série Rambo ou Terminator, sont d'une extrême violence. Le film Rambo III contient, quant à lui, 245 actes de violence[2], soit plus de deux par minute en moyenne.

La télévision n'est pas en reste. On trouve de la violence dans la plupart des catégories d'émissions, particulièrement dans les dramatiques et les séries. Des études faites en 1982 montraient que 81 % des émissions de télévision diffusées aux États-Unis contenaient des actes violents, à une cadence moyenne de 5,2 actes violents par heure[3]. Des études effectuées par Gerbner et son équipe en 1986 montrent qu'en 1984-1985, 8 émissions sur 10 diffusées aux heures de pointe à la télévision américaine contenaient de la violence, au rythme de 8 incidents violents à l'heure[4].

Les enfants ne sont pas épargnés. On calcule en effet qu'entre l'âge de 5 et 15 ans, un enfant aura assisté à la mort violente de pas moins de 13 000 personnes à la télévision. Avant qu'il n'ait atteint 3,5 ans, il aura vu environ 1000 meurtres[5]. Il n'est pratiquement pas une émission destinée aux jeunes qui en soit exempte, pas même les dessins animés, dont un très grand nombre, même parmi les plus

---

1.   N. GRONDIN et autres. *La violence dans les médias*, p. 2.

2.   *Ibid.*

3.   G. GERBNER. *Violence et terreur dans les médias*, Paris, Unesco, 1989, p. 17.

4.   *Ibid.*

5.   N. GRONDIN et autres. *Op. cit.*, p. 1.

innocents en apparence, contiennent des références continuelles à la violence : batailles, explosions, attaques, etc. Et que dire des dessins animés populaires, comme ceux qui mettent en scène des habitants de systèmes d'égouts et qui sont d'une très grande violence. Les jeux vidéos, munis de dispositifs spéciaux, qui ont tant de faveur auprès des jeunes, sont la plupart du temps presque exclusivement basés sur la violence : destruction, meurtres, explosions, etc.

Les émissions sportives montrent elles aussi de plus en plus ce qui était surtout réservé aux reportages de hockey, mais qui est maintenant le fait de la plupart des autres émissions de sport : échanges de coups, bagarres et même batailles générales où les bancs de joueurs se vident pour donner le spectacle désolant d'une philosophie qui n'a certainement rien à voir avec l'esprit sportif.

Et que dire de certaines émissions d'actualité qui, s'inspirant d'une philosophie éditoriale du type ponémologique (reliée à la guerre ou aux conflits), privilégient presque exclusivement les nouvelles violentes : conflits, guerres, terrorisme ou actes violents.

Le développement de la télévision a changé la donne. Maintenant, la violence est «livrée à domicile». Par ailleurs, la grande popularité des magnétoscopes et des clubs de location de cassettes vidéos, dont un nombre considérable sont des films violents, a fait de la violence une chose banale «pour apporter chez soi», comme on fait avec le plus banal «hamburger» du «fast food» voisin.

La violence

La notion de violence relève du sens commun. Sans objectivisation, elle risque cependant de prêter grandement à interprétation suivant les individus, les collectivités ou les circonstances. Pour une recherche comme celle que nous avons menée ici, il fallait s'appuyer sur une définition de la violence faite aux femmes qui soit opérationnelle et dont l'emploi pouvait être généralisé.

Aux définitions courantes de la vie de tous les jours, à la suite des travaux effectués par divers organismes et divers chercheurs ou chercheuses se sont ajoutées maintenant un certain nombre de définitions plus strictes de ce qu'on entend par violence.

Rappelons-en quelques-unes :

- «Agir sur quelqu'un ou le faire agir contre sa volonté, en employant la force ou l'intimidation». (*Le Petit Robert*)

- «Contrainte exercée sur une personne par la force ou l'intimidation». (*Le Petit Larousse*)

- «La violence est l'emploi d'une force physique ou d'une pression morale exercée volontairement et de façon abusive sur une personne contre sa volonté ou sur l'objet d'autrui en leur causant un tort.» (Conseil régional intersyndical de Montréal, 1990)[1]

- «La violence à la télévision c'est «l'utilisation de contrainte physique ou mentale impitoyable ou injuste contre des personnes; de contrainte physique impitoyable ou excessive contre des animaux ou des objets inanimés quand des humains sont des victimes secondaires; de menaces explicites ou sous-entendues ou de menace de contrainte dans l'un ou l'autre des cas précités». (Conseil canadien des normes de la radio-télévision, 1987)[2]

Ces définitions sont intéressantes à plus d'un titre. Cependant, sur le plan opérationnel pour une recherche comme celle-ci, leur utilisation présente certains problèmes. De plus, certains des éléments auxquels elles font appel ont tendance à limiter beaucoup trop le concept de violence. Voici quelques observations à ce sujet.

---

1. «Qu'est-ce que la violence ?», in *Le Téléspectateur*, Association nationale des spectateurs, mars 1991, p. 8.

2. *Ibid.*

- La volonté de la victime

Le fait de réserver le terme violence aux seules actions posées contre la volonté de la victime exclut tous les actes qui pourraient être posés avec son consentement et qui n'en seraient pas moins violents. Par ailleurs, il n'est pas toujours possible dans un document médiatique, surtout un vidéoclip, de savoir s'il y a eu ou non consentement de la victime.

- La volonté de celui ou celle qui pose le geste

Ce serait à notre avis une limitation trop importante du concept de violence que de le réserver aux seuls actes commis volontairement par l'auteur ou l'auteure. Suivant cette définition pourraient être exclus tous les actes commis lorsque l'auteur ou l'auteure n'est pas en pleine possession de ses moyens pour une raison ou pour une autre (alcool, drogue, problèmes psychologiques, etc.). Cela risquerait aussi d'exclure les actes dont les conséquences ne sont peut-être pas directement voulues comme telles, mais qui le seraient dans leurs causes. De toute façon, comme dans le cas précédent, il s'agit d'une notion souvent difficile à vérifier dans un document audiovisuel.

- «De façon abusive», «impitoyable», «injuste»

Il s'agit de concepts qui sont sans doute compris dans leur sens général dans la vie de tous les jours, mais dont l'application stricte est difficile dans la mesure où ils peuvent donner lieu à trop d'interprétations suivant les personnes, les milieux ou les cultures.

En raison de leurs possibilités d'application, nous serions tentés de nous rapprocher davantage des définitions suivantes :

- «L'acte ou la menace de blesser ou de tuer, de n'importe quelle manière et dans n'importe quel contexte». (Groupe de recherche de l'Université de Pennsylvanie)[1]

- «Dans la plupart des études qui ont été faites, la violence est définie comme une action physique qui vise ouvertement à blesser ou à tuer, ou qui menace de le faire»[2].

Nous croyons cependant que le concept de violence ne doit pas se limiter à ce qui tue ou blesse, ou menace de le faire. Il y a toute une gamme d'actes qui ne tuent pas ou ne blessent pas leur victime, mais qui n'en sont pas moins d'une grande violence. Nous songeons ici à certaines représentations d'activités sexuelles violentes où la femme est enchaînée ou menottée, par exemple.

Pour éviter les exclusions résultant des définitions précédentes, nous proposons plutôt la définition suivante, que nous avons utilisée d'ailleurs comme base d'analyse pour cette recherche. La violence faite aux femmes à la télévision est :

La représentation médiatique du recours à l'intimidation, à la force ou aux sévices contre une femme et qui a pour effet de porter atteinte à l'intégrité de sa personne ou de menacer de le faire.

Cette définition appelle les observations suivantes :

- L'expression «intégrité de sa personne» permet de couvrir non seulement l'intégrité physique de la personne que mettrait en cause le fait de tuer ou de blesser, mais aussi celle que mettraient en cause des actes violents qui ne blesseraient pas, et d'autres aspects de l'intégrité de la personne que mettraient en cause les circonstances avilissantes ou dégradantes de violence sexuelle auxquelles nous faisions référence précédemment.

- Le recours peut être manifeste ou explicite ou non, direct ou indirect.

---

1. G. GERBNER. *Violence et terreur dans les médias*, Paris, Unesco, 1989, p. 17.

2. *Ibid.*

- Dans certains cas, il pourrait s'agir davantage de menace à l'intégrité que d'atteinte directe. C'est souvent le cas, par exemple, lors de représentations de certaines formes de criminalité, comme la perpétration de vols avec des armes à feu, etc.

RÉSULTATS DE LA RECHERCHE
«LA VIOLENCE FAITE AUX FEMMES»

LA VIOLENCE FAITE AUX FEMMES
DANS LES VIDÉOCLIPS

Si le sexisme n'a pas diminué, loin de là, et qu'il en est apparu de nouvelles manifestations particulièrement reliées à la sexualité, il faut noter que la violence manifeste et explicite envers les femmes a diminué quelque peu par rapport à la première étude. Alors qu'en 1988, on en trouvait des manifestations dans 27 % des vidéoclips étudiés, en 1991, ce chiffre a baissé à 16 % des vidéoclips sexistes. Mais c'est encore beaucoup, et c'est trop. La violence se manifeste encore dans plusieurs cas lors de scènes particulièrement dégradantes pour la femme.

Rappelons que 14 % des vidéoclips où l'on trouve des relations hommes-femmes montrent des agressions faites envers des femmes, à des degrés divers.

- Dans 4 cas, il s'agit d'agressions envers des jeunes filles;

- Dans 8 cas, il s'agit de violence entre membres d'un couple;

- Dans 4 cas, il s'agit de femmes qui, en réponse à la violence masculine, s'emportent et brisent tout ce qui leur tombe sous la main;

- Dans 3 cas, il s'agit de violence destructrice : explosions, scènes de guerre, etc;
- Dans un cas, la violence suggère même le vampirisme pratiqué par une femme en réponse à la violence.

Mais il ne faudrait surtout pas oublier que par delà les manifestations explicites et manifestes de violence envers les femmes auxquelles nous venons de faire référence, il y a un très grand nombre de vidéoclips qui contiennent des manifestations symboliques formelles de violence, tant par le montage, que par le jeu des contrastes, des successions de cadrages, des effets spéciaux, des éclairages et des agressions sonores dont sont si souvent accompagnées les représentations féminines.

Il faut se demander si ce genre de manifestations formelles de violence envers les femmes n'est pas tout aussi efficace que celles qui sont présentées plus explicitement.

Achevé d'imprimer en mars 1992
sur les presses de l'imprimerie Métrolitho inc.
à Sherbrooke